La guía del preparador para todas las emergencias

Cómo preparar su hogar, oficina y mascotas

Jaha Cummings

blue ocean press

Published by:
blue ocean press, an imprint of Aoishima Research Institute
US Office
P.O. Box 510818
Punta Gorda, Florida 33951 USA

Email: books@blueoceanpublications.com
URL: www.PreparedHomeAndOffice.com

ISBN: 978-4-902837-12-4

Photos of assembled kits and supplies are provided courtesy of PreparedHomeAndOffice.com.

Las fotos de los equipos y suministros ensamblados se proporcionan por cortesía de PreparedHomeAndOffice.com.

Tabla de contenido

A KH

Introducción

Este libro ha sido compilado en base a mi experiencia en la coordinación de la planificación regional internacional para pandemias durante los brotes de gripe aviar (H5N1), gripe porcina (H1N1), sarampión y dengue entre 2008 y 2013; y planificación de huracanes y tifones entre 2013 y 2020.

Este libro proporciona listas de artículos que se recomienda incluir en los equipos de supervivencia de emergencia para el hogar, la oficina, la escuela, el automóvil, el bote y las mascotas. Cada lista va acompañada de una imagen de cómo se ve el contenido de un equipo completamente ensamblado.

También se incluyen listas de artículos complementarios para incluir en sus equipos de supervivencia para huracanes, tifones y tornados; temblores; gripe pandémica; higiene de emergencia; seguridad infantil; y clima severo mientras está en el camino.

Para aquellos que desean obtener un equipo ensamblado, los equipos que contienen los artículos enumerados están disponibles en el sitio web: PreparedHomeAndOffice.com

Esté preparado y esté seguro

Capítulo 1
Cómo crear un plan familiar de emergencia

Un paso crítico para prepararse para una emergencia es asegurarse de que su familia tenga un plan de emergencia. Es importante planificar para la contingencia que su familia no se ubique junta cuando ocurra un desastre. Como tal, debe tener un plan para determinar cómo su familia llegará a un lugar seguro, con quién se comunicará cada miembro de la familia, cómo se reunirá su familia y qué hará cada persona en diferentes situaciones.

Este formulario del Plan de emergencia familiar se puede utilizar para organizar esta información. A partir de este formulario, también puede crear tarjetas de contacto de emergencia que puede dar a cada miembro de la familia. Los adultos pueden guardar las tarjetas en su billetera, cartera o maletín, mientras que las tarjetas de contacto de sus hijos se pueden colocar en sus mochilas.

Use estos 5 pasos sencillos para crear su plan familiar de emergencia:

Paso 1: use esta plantilla de formulario

Esta plantilla de formulario (en la página siguiente) se puede usar para organizar el plan de emergencia de su familia. Es una buena idea revisar primero todo el formulario y hacer un inventario de toda la información que necesitará reunir para completarlo.

Plantilla de plan de emergencia familiar

Guarde una copia de este plan en el equipo de supervivencia de emergencia o en un lugar seguro donde se pueda acceder fácilmente.

Después de cualquier desastre:
1. Encienda la radio y sintonice la estación de transmisión de emergencia.
2. Escuche las instrucciones sobre la ubicación de los centros de emergencia y cómo obtener ayuda.
3. Llame a sus contactos fuera del estado.

Nombre de contacto de emergencia: _____________ Tel #: _________
Nombre de contacto fuera de la ciudad: _________ Tel #: _________
Email: ____
Lugar de reunión del vecindario: _____________ Tel #: _________
Lugar de reunión regional: _________________ Tel #: _________
Lugar de evacuación: _____________________ Tel #: _________

Complete lo siguiente para cada miembro de la familia y manténgalo actualizado

Nombre: _________________ CARNÉ DE IDENTIDAD #_________
Fecha de nacimiento: _______________
Información médica: ___________________________________
Nombre: _________________ CARNÉ DE IDENTIDAD #_________
Fecha de nacimiento: _______________
Información médica: ___________________________________
Nombre: _________________ CARNÉ DE IDENTIDAD #_________
Fecha de nacimiento: _______________
Información médica: ___________________________________
Nombre: _________________ CARNÉ DE IDENTIDAD #_________
Fecha de nacimiento: _______________
Información médica: ___________________________________
Nombre: _________________ CARNÉ DE IDENTIDAD #_________
Fecha de nacimiento: _______________
Información médica: ___________________________________
Nombre: _________________ CARNÉ DE IDENTIDAD #_________
Fecha de nacimiento: _______________
Información médica: ___________________________________

Escriba dónde pasa más tiempo su familia: trabajo, escuela y otros lugares que frecuenta. Los lugares como el lugar de trabajo y la escuela deben tener planes de emergencia específicos del sitio que usted y su familia deben conocer.

Lugar de trabajo uno
Dirección _________________ Tel #: _________________
Lugar de escuela uno
Dirección: _________________ Tel #: _________________
Lugar de evacuación
Dirección: _________________ Tel #: _________________

Lugar de trabajo dos
Dirección _________________ Tel #: _________________
Lugar de escuela dos
Dirección: _________________ Tel #: _________________
Lugar de evacuación
Dirección: _________________ Tel #: _________________

Lugar de trabajo tres
Dirección _________________ Tel #: _________________
Lugar de escuela tres
Dirección: _________________ Tel #: _________________
Lugar de evacuación
Dirección: _________________ Tel #: _________________

Otros lugares que frecuentas
Dirección _________________ Tel #: _________________
Lugar de escuela dos
Dirección: _________________ Tel #: _________________
Lugar de evacuación
Dirección: _________________ Tel #: _________________

Información IMPORTANTE
Nombre   *Tel #*   *Número de póliza*
Médico ____
Médico ____
Otro   ____
Farmacia ____
Seguro médico ______________________________________
Propietario de vivienda / seguro de alquiler_______________
Veterinario / perrera _______________________________

Plantilla de tarjeta de emergencia
(Cuando esté completo, lamine cada tarjeta)

PLAN DE EMERGENCIA FAMILIAR
Nombre del contacto de emergencia:

____
Número de teléfono:_____________________
Nombre de contacto fuera de la ciudad: _________
Número de teléfono: ____________________
Lugar de reunión del vecindario: ___________
Número de teléfono ____________________
Otra información importante: _____________

PLAN DE EMERGENCIA FAMILIAR
Nombre del contacto de emergencia:

____
Número de teléfono:_____________________
Nombre de contacto fuera de la ciudad: _________
Número de teléfono: ____________________
Lugar de reunión del vecindario: ___________
Número de teléfono ____________________
Otra información importante: _____________

PLAN DE EMERGENCIA FAMILIAR
Nombre del contacto de emergencia:

____
Número de teléfono:_____________________
Nombre de contacto fuera de la ciudad: _________
Número de teléfono: ____________________
Lugar de reunión del vecindario: ___________
Número de teléfono ____________________
Otra información importante: _____________

PLAN DE EMERGENCIA FAMILIAR
Nombre del contacto de emergencia:

____
Número de teléfono:_____________________
Nombre de contacto fuera de la ciudad: _________
Número de teléfono: ____________________
Lugar de reunión del vecindario: ___________
Número de teléfono ____________________
Otra información importante: _____________

Paso 2: Organice su red de contactos de emergencia

Para completar el plan de preparación para emergencias de su familia, deberá hablar con sus familiares y amigos para identificar contactos designados que viven fuera del estado. Estas serán personas a las que los miembros de su hogar deben notificar en caso de desastre para informarles que están a salvo. Desea tener contactos fuera del estado porque el servicio telefónico inmediato puede verse afectado por el desastre y sus consecuencias debido al alto tráfico de llamadas. Un contacto fuera de la ciudad puede estar mejor posicionado para comunicarse entre familiares separados.

Es importante que cada miembro de la familia sepa el número de teléfono del contacto de emergencia y que tenga un teléfono celular o una tarjeta telefónica para llamar al contacto de emergencia. Los expertos en preparación para emergencias sugieren que debe tener el contacto de emergencia almacenado en su teléfono bajo "ECE" para "en caso de emergencia". Los servicios de emergencia a menudo verifican si hay ECE en la lista de contactos para saber a quién contactar en caso de desastre.

Además, debe enseñar a su familia a usar mensajes de texto después de un desastre. Las redes de teléfonos celulares se atascan debido al alto tráfico de llamadas después de un desastre. Sin embargo, los mensajes de texto usan muy poco ancho de banda de las redes de teléfonos celulares. Por lo tanto, los mensajes de texto a menudo evitan interrupciones en la red, lo que los convierte en la forma más confiable de comunicarse con sus contactos de emergencia con un teléfono celular.

Paso 3: Decide dónde te encontrarás

También deberá identificar un lugar de reunión en el vecindario que podría ser su hogar, el hogar de un pariente cercano o incluso la casa de un amigo cercano. Luego, también debe decidir un lugar de reunión regional en el caso, por ejemplo, si su familia está dispersa en una ciudad cuando ocurre un desastre. Esto puede ser un hito o parque. También debe tener un lugar de evacuación con el que todos estén familiarizados en caso de que no sea seguro reunirse en cualquiera de estos otros lugares. En general, esto debería estar en un lugar lo más rural posible para evitar cualquier peligro.

Paso 4: Almacene su plan de preparación

Cuando termine de completar el formulario, guárdelo dentro de su equipo de supervivencia de emergencia que guarda en casa. Cree tarjetas de contacto de emergencia para cada familia utilizando la información que incluyó en su plan de preparación.

Paso 5: Distribuya tarjetas de contacto de emergencia

Cree las tarjetas de contacto como se describe en la plantilla. Escriba a mano cualquier instrucción adicional o individual en cada tarjeta y distribúyala entre cada miembro de su familia. Dígales a los adultos que los tengan a mano en una billetera, cartera, maletín, etc. Para los niños, le recomendamos que guarde las tarjetas en sus mochilas o mochilas.

Capítulo 2
Por qué necesita suministros de emergencia en el hogar (oficina, escuela, vehículo y para sus mascotas)

Almacenar suministros de emergencia en el hogar, para su hogar, es una parte esencial para mantenerlo a usted y a su familia a salvo en tiempos de emergencia. Después de un desastre en su área, podría encontrarse sin muchos de los lujos a los que está acostumbrado. Es posible que no haya electricidad durante semanas, dejándolo sin electricidad y haciendo que las plantas de tratamiento de agua dejen de funcionar. Su hogar puede sufrir daños estructurales y no es seguro ocuparlo. Es posible que deba refugiarse al aire libre mientras soporta condiciones climáticas extremas. Usted o sus seres queridos pueden sufrir lesiones y necesitar tratamiento médico inmediato en un momento en que podría no haber atención médica disponible.

Lo mismo se aplica para oficinas y escuelas. Podría surgir un escenario de bloqueo o permanecer en el lugar que requiera que tenga que permanecer en su ubicación hasta que sea seguro partir.

También es una buena práctica tener un equipo de suministros de emergencia en su automóvil y bote en caso de que surja un escenario en el que quede varado por un período de tiempo indeterminado hasta que llegue la ayuda.

Por último, no podemos descuidar la planificación de desastres con nuestras mascotas en mente. Están tan afectados como nosotros por los desastres.

A continuación, se incluye un resumen de las diferentes categorías de suministros de preparación para emergencias que debe tener en casa para su familia.

Comida de emergencia

Después de un gran desastre, las tiendas pueden estar cerradas durante varias semanas en su área y las carreteras pueden ser inseguras para salir de su área. Por eso es importante tener un suministro de alimentos de emergencia en un equipo de 72 horas. Debe tener un suministro mínimo de tres días por persona, pero se recomienda un suministro de al menos una semana. Le recomiendo que tenga un suministro de tres días de barras de alimentos de supervivencia con una vida útil de 5 años. Algunos alimentos enlatados comprados en la tienda solo pueden tener una vida útil de 6 meses.

Agua de emergencia

Después de un desastre, el agua corriente puede no ser segura para beber o no estar disponible. Solo mantener agua embotellada en casa no es suficiente. El agua embotellada solo tiene una vida útil de 6 meses; incluso menos si se almacena en temperaturas extremas. Se recomienda que, como mínimo, tenga un suministro de agua potable para 3 días por persona en su equipo de preparación para emergencias. Sin embargo, una regla general de supervivencia es que tiene un galón de agua de emergencia por persona porque también lo necesitará para fines de saneamiento. Le recomiendo que use un suministro de tres días de raciones de agua de emergencia con una vida útil de 5 años. Dado que el agua sigue siendo el elemento de supervivencia más importante que debe tener, cada equipo de supervivencia en el hogar deberá incluir tabletas de purificación de agua que se pueden usar junto con un recipiente de 5 galones para purificar el agua adicional. Se recomienda almacenar agua de emergencia adicional, ya que las listas de los equipos de supervivencia incluyen solo un suministro mínimo de supervivencia. La forma más rentable de almacenar una cantidad suficiente de agua de emergencia para toda una familia es comprar un barril de almacenamiento de agua de 55 galones y accesorios.

Luces de emergencia

Debido a que puede faltar la electricidad durante varias semanas después de un desastre, necesitará luces de emergencia para navegar a través de la oscuridad y salir de su hogar de manera segura para poder viajar a un lugar seguro. Cada lista de equipos de supervivencia para el hogar incluye luces de emergencia esenciales. Las personas a menudo almacenan una linterna regular y baterías en su equipo de preparación para emergencias, pero no se dan cuenta de que las baterías tienen una vida útil de 6 meses. He incluido en las listas una radio solar y de manivela con luz de linterna que nunca necesita baterías y palos de luz de emergencia de 12 horas que tienen una vida útil de 5 años. Todos los equipos para el hogar también deben incluir velas de emergencia de combustión lenta y fósforos impermeables. También recomiendo la inclusión de una linterna fluorescente para capacidades de iluminación adicionales.

Radios de emergencia

En caso de una emergencia mientras está en su hogar, necesitará saber a dónde ir para llegar a un lugar seguro. Es por eso por lo que he incluido en las listas de preparación para emergencias, una radio de emergencia para escuchar transmisiones de emergencia después de un desastre. Debe usar una radio solar con luz de linterna que nunca necesite baterías. Esta radio de emergencia es muy recomendable porque las radios de emergencia que funcionan con baterías tienen muchas limitaciones, como el hecho de que las baterías solo duran horas y tienen una vida útil extremadamente limitada de alrededor de 6 meses.

Equipos de primeros auxilios de emergencia

En caso de desastre o de accidentes cotidianos, siempre es importante tener botiquines de primeros auxilios de emergencia. Probablemente ya tenga un botiquín de primeros auxilios en su hogar, pero es probable que le saquen artículos individuales por lesiones ocasionales. Es por eso por lo que es importante tener un equipo de primeros auxilios completo reservado para la preparación para emergencias. Además del surtido de compresas, antisépticos, vendajes, gasas y rollos enumerados en el botiquín de primeros auxilios, también recomiendo que incluya una máscara de RCP.

Suministros de refugio de emergencia

En su planificación de preparación para emergencias, debe considerar el hecho de que su hogar puede ser inseguro para ocupar. Por lo tanto, puede verse obligado a permanecer al aire libre durante varios días, si no semanas. Es por eso por lo que necesita suministros de refugio de emergencia en su equipo de preparación para emergencias. Las listas de los equipos de supervivencia contienen los suministros de refugio adecuados para incluir mantas espaciales para el calor, ponchos para protegerlo del clima y una carpa de tubos para un refugio de emergencia fácil de los elementos. Los suministros adicionales de refugio en el hogar de emergencia que puede incluir son un refugio con dosel y una almohadilla para calentar el cuerpo.

Suministros de búsqueda y rescate de emergencia

Después de un desastre, es probable que haya vidrios rotos y otros elementos peligrosos con los que tendrá que lidiar cuando evacue su hogar o ayude a otros a evacuar. Las estructuras derrumbadas podrían atrapar a las familias en sus hogares. Por lo tanto, el equipo de preparación para emergencias de su hogar debe incluir los suministros de búsqueda y rescate de emergencia. Un elemento importante, especialmente para la preparación para terremotos, que puede salvar su hogar y vecindario, es una llave de emergencia para cerrar el gas. Se incluye una llave de emergencia para cerrar el gas en las listas de los equipos de supervivencia en el hogar junto con una navaja suiza que sirve como doce herramientas valiosas. Para establecer un campamento o refugio, la lista también incluye cordón de nylon y cinta adhesiva. Cada equipo de supervivencia en el hogar también debe incluir guantes de trabajo con palmas de cuero, guantes de vinilo y máscaras antipolvo para protegerse de los desechos peligrosos.

Suministros de saneamiento de emergencia

Es probable que las tuberías no estén disponibles después de un desastre mayor. Debe recordar que es posible que deba permanecer al aire libre con otras personas y vecinos cercanos. Para condiciones adecuadas de salud y saneamiento, su equipo de supervivencia de emergencia debe incluir suministros de saneamiento de emergencia. El contenedor de 5 galones incluido en la lista de equipos de supervivencia para el hogar está diseñado para usarse como inodoro portátil. Cada equipo de supervivencia en el hogar debe incluir bolsas de baño, productos químicos para el baño y pañuelos de papel. También se recomienda una tapa y tapa del asiento del inodoro.

Capítulo 3
Equipos de supervivencia para el hogar

Equipo de supervivencia para cuatro personas

Esta es la lista para un equipo de supervivencia de 4 personas y 72 horas. Está diseñado para preparar a una familia de cuatro en casa para cualquier desastre. Este completo equipo de supervivencia de emergencia contiene los suministros de preparación para emergencias más efectivos y confiables para almacenar en el hogar, incluidos alimentos, agua, iluminación, radio/comunicación, primeros auxilios, saneamiento y refugio.

La lista es la siguiente:

Alimentos y agua: (4) Barras de alimentos, (24) Bolsas de agua, (50) Tabletas de purificación de agua, (1) Abrelatas

Refugio: (4) Mantas de emergencia, (4) Ponchos con capucha, (1) Tienda de emergencia, (1) Láminas de plástico, (1) Cinta aislante enrollable

Iluminación y comunicación: (1) Cargador de luz solar/manual, radio de banda meteorológica y cargador de dispositivos USB (esta herramienta está diseñada para cargar teléfonos inteligentes y otros dispositivos USB para que pueda mantenerse en contacto con la familia en caso de un desastre, y nunca necesita baterías), (4) Tarjeta de contacto fuera del estado, (2) palos de luz verde, (1) palo de luz amarilla, (5) Velas de emergencia, (40) Partidos impermeables

Primeros auxilios: (1) botiquín de primeros auxilios de tamaño mediano, (200) píldoras de yodato de potasio

Búsqueda y rescate: (1) Silbato de seguridad, (4) Máscaras antipolvo, (1) Par de guantes de vinilo, (1) Par de guantes de trabajo, (1) Navaja suiza, (1) Herramienta de utilidad multifunción, (1) Cable de nylon

Saneamiento: (12) Bolsas de saneamiento/inodoro, (1) Paquete de productos químicos para inodoro, (4) Paquetes de pañuelos, (1) Asiento de inodoro a presión

Estos suministros deben almacenarse en un contenedor de 5 galones.

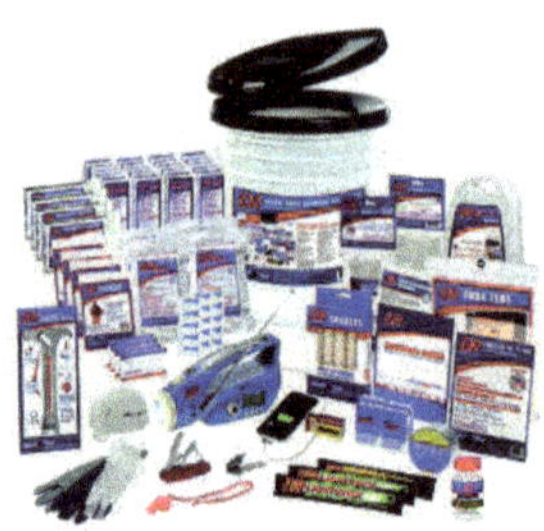

Foto: equipo de supervivencia para 4 personas

Equipo de supervivencia para dos personas

Esta es la lista para un equipo de supervivencia de 2 personas y 72 horas. Está diseñado para preparar una pequeña casa o apartamento para cualquier desastre. Este completo equipo de supervivencia de emergencia contiene los suministros de preparación para emergencias más efectivos y confiables para almacenar en el hogar, incluidos alimentos, agua, iluminación, radio/comunicación, primeros auxilios, saneamiento y refugio.

La lista es la siguiente:

Alimentos y agua: (2) Barras de alimentos, (12) Bolsas de agua, (50) Tabletas de purificación de agua, (1) Abrelatas

Refugio: (2) mantas de emergencia, (2) ponchos con capucha, (1) carpa de emergencia, (1) láminas de plástico, (1) cinta adhesiva enrollable, (1) luz solar/manivela, radio de banda meteorológica, y Cargador de dispositivo USB

Iluminación y comunicación: (2) tarjeta de contacto fuera del estado, (1) palo de luz verde, (1) palo de luz amarilla, (5) velas de emergencia, (40) fósforos impermeables

Primeros auxilios: (1) botiquín de primeros auxilios de tamaño mediano, (200) píldoras de yodato de potasio

Búsqueda y rescate: (1) Silbato de seguridad, (2) Máscaras antipolvo, (1) Par de guantes de vinilo, (1) Par de guantes de trabajo, (1) Navaja suiza, (1) Herramienta de utilidad multifunción, (1) Cable utilitario de nylon, (1) Guía de supervivencia

Saneamiento: (1) Asiento de inodoro a presión (opcional), (12) Bolsas de saneamiento/inodoro, (1) Productos químicos para inodoros, (2) Paquetes de pañuelos de papel

Estos suministros deben almacenarse en un contenedor de 5 galones.

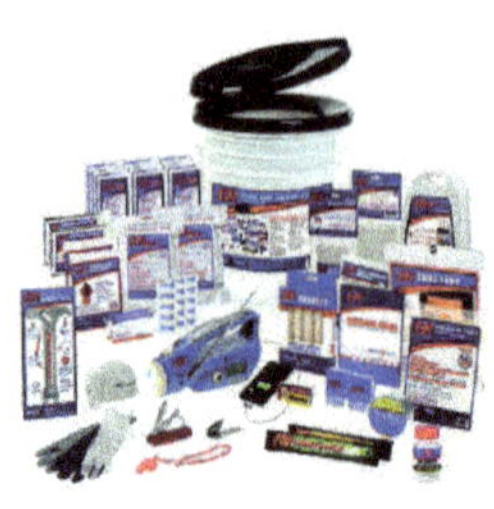

Foto: equipo de supervivencia para 2 personas

Equipo de supervivencia de mochila

Esta es la lista de un equipo de supervivencia de mochila que contiene los alimentos de supervivencia, agua, iluminación, radio/comunicación, primeros auxilios, saneamiento y suministros de refugio más efectivos y confiables para estar preparados para todos los desastres.

La lista de la siguiente manera:

Alimentos y agua: (4) Barras de alimentos, (24) Bolsas de agua, (50) Tabletas de purificación de agua

Refugio: (5) Mantas de emergencia, (5) Ponchos con capucha

Iluminación y comunicación: (1) Luz accionada por manivela solar/manual, radio de banda meteorológica y cargador de dispositivo USB, (2) palos de luz verde, (1) palo de luz amarilla, (5) velas de emergencia, (40) fósforos impermeables

Primeros auxilios: (1) Equipo de primeros auxilios de OSHA*, (200) Pastillas de yodato de potasio

Búsqueda y rescate: (1) Silbato de seguridad, (5) Máscaras antipolvo, (1) Par de guantes de vinilo, (1) Par de guantes de trabajo, (1) Barra de palanca 15 "

Saneamiento: (5) paquetes de pañuelos

Estos suministros deben almacenarse en una mochila.

* OSHA es el acrónimo de la Administración de Seguridad y Salud Ocupacional. Esta es una agencia del Departamento de Trabajo de los Estados Unidos.

Foto: equipo de supervivencia de mochila

Capítulo 4
Equipos de supervivencia de oficina

Asegúrese de que sus empleados estén seguros después de un desastre. Estas listas incluyen los suministros más críticos y confiables para evacuar o refugiarse en el lugar en la oficina.

Equipo de supervivencia de oficina de 5 personas

Esta es la lista de un equipo de supervivencia para 5 personas y 72 horas diseñado para una pequeña oficina que contiene los alimentos de supervivencia, agua, iluminación, radio/comunicación, primeros auxilios, saneamiento y refugio más eficaces y confiables para prepararse para Todos los desastres.

La lista es la siguiente:

Alimentos y agua: (5) Barras de alimentos, (30) Bolsas de agua, (50) Tabletas de purificación de agua

Refugio: (5) Mantas de emergencia, (1) Tienda de campaña

Iluminación y comunicación: (1) Cargador de luz solar/manual, radio de banda meteorológica y cargador de dispositivos USB (esta herramienta está diseñada para cargar teléfonos inteligentes y otros dispositivos USB para que pueda mantenerse en contacto con la familia en caso de un desastre, y nunca necesita baterías), (2) palos de luz verde, (1) palo de luz amarilla, (5) Velas de emergencia, (40) Partidos impermeables

Primeros auxilios: (1) Equipo de primeros auxilios de OSHA, (200) Pastillas de yodato de potasio

Búsqueda y rescate: (1) Silbato de seguridad, (5) Máscaras antipolvo, (2) Par de guantes de vinilo, (1) Par de guantes de trabajo

Saneamiento: (1) asiento de inodoro a presión, (12) saneamiento/bolsas de inodoro, (1) paquete de productos químicos para inodoro, (5) paquetes de pañuelos de papel

Estos suministros deben mantenerse en un contenedor de 5 galones.

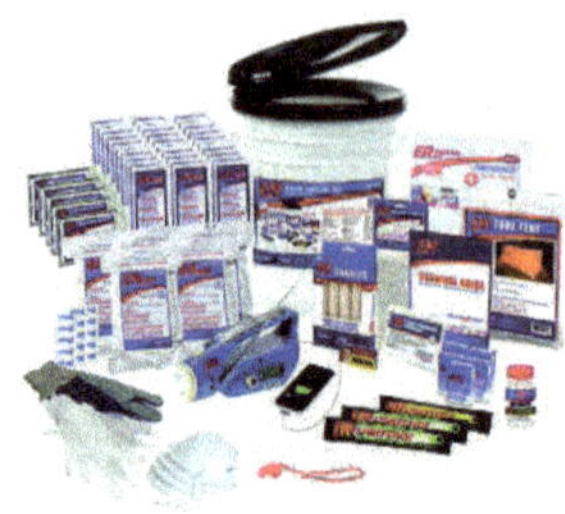

Foto: equipo de supervivencia de oficina de 5 personas

Equipo de supervivencia para la oficina de 10 personas

Esta es la lista de un equipo de supervivencia para 10 personas y 72 horas diseñado para contener los alimentos de supervivencia, agua, iluminación, radio/comunicación, primeros auxilios, saneamiento y refugio más eficaces y confiables para preparar una pequeña oficina para Todos los desastres.

La lista es la siguiente:

Alimentos y agua: (10) Barras de alimentos, (60) Bolsas de agua, (50) Tabletas de purificación de agua

Refugio: (10) Mantas de emergencia, (1) Tienda de campaña, (1) Láminas de plástico, (1) Cinta aislante en rollo

Iluminación y comunicación: (1) Luz accionada por manivela solar/manual, radio de banda meteorológica y cargador de dispositivo USB, (2) palos de luz verde, (1) palo de luz amarilla, (5) velas de emergencia, (40) fósforos impermeables

Primeros auxilios: (1) Equipo de primeros auxilios de OSHA, (200) Pastillas de yodato de potasio

Búsqueda y rescate: (1) Silbato de seguridad, (10) Máscaras antipolvo, (2) Par de guantes de vinilo, (1) Par de guantes de trabajo, (1) barra de palanca 15 "

Saneamiento: (1) asiento de inodoro a presión, (12) saneamiento/bolsas de inodoro, (1) paquete de productos químicos para inodoro, (10) paquetes de pañuelos de papel

Estos suministros deben almacenarse en un contenedor de 5 galones.

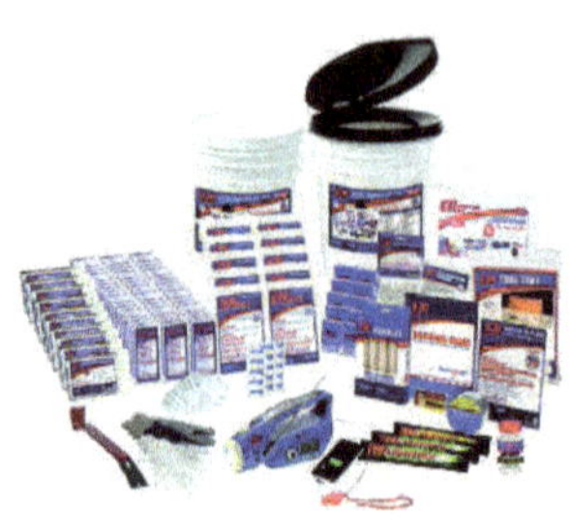

Foto: equipo de supervivencia definitiva para 10 personas

Equipo de supervivencia para la oficina de 20 personas

Esta es la lista de un equipo de supervivencia para 20 personas y 72 horas diseñado para contener los alimentos de supervivencia, agua, iluminación, radio/comunicación, primeros auxilios, saneamiento y suministros de refugio más efectivos y confiables para preparar una mediana oficina para todos los desastres.

La lista es la siguiente:

Alimentos y agua: (20) Barras de alimentos, (120) Bolsas de agua, (50) Tabletas de purificación de agua

Refugio: (20) Mantas de emergencia, (1) Tienda de campaña, (1) Láminas de plástico, (1) Cinta aislante en rollo

Iluminación y radios: (1) Luz accionada por manivela solar/manual, radio de banda meteorológica y cargador de dispositivo USB, (3) palos de luz verde, (1) palo de luz amarilla, (5) velas de emergencia, (40) fósforos impermeables

Primeros auxilios: (1) Equipo de primeros auxilios de OSHA, (200) Pastillas de yodato de potasio

Búsqueda y rescate: (1) Silbato de seguridad, (20) Máscaras antipolvo, (2) Par de guantes de vinilo, (1) Par de guantes de trabajo, (1) barra de palanca 15 "

Saneamiento: (1) asiento de inodoro a presión, (12) saneamiento/bolsas de inodoro, (1) paquete de productos químicos para inodoro, (20) paquetes de pañuelos de papel

Estos suministros deben almacenarse en un contenedor de 5 galones.

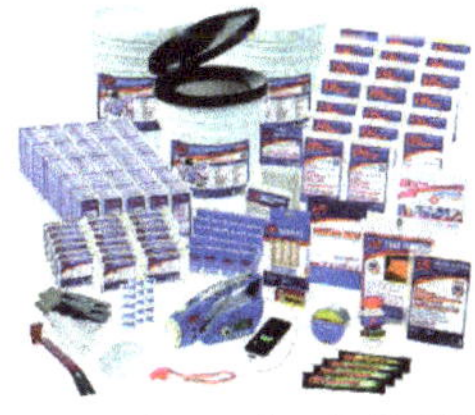

Foto: equipo de supervivencia definitiva para 20 personas

Equipo de supervivencia definitiva para 100 personas

Esta es la lista de un equipo de supervivencia para 100 personas y 72 horas diseñado para contener los alimentos de supervivencia, agua, iluminación, radio/comunicación, primeros auxilios, saneamiento y suministros de refugio más efectivos y confiables para preparar una oficina grande para todos desastres.

La lista es la siguiente:

Alimentos y agua: (100) Barras de alimentos, (600) Bolsas de agua, (250) Tabletas de purificación de agua

Refugio: (100) Mantas de emergencia, (5) Tienda de campaña, (5) Láminas de plástico, (5) Cinta aislante en rollo

Iluminación y comunicación: (1) Luz accionada por manivela solar/manual, radio de banda meteorológica y cargador de dispositivo USB, (15) palos de luz verde, (5) palos de luz amarillas, (25) velas de emergencia, (200) fósforos impermeables

Primeros auxilios: (5) Equipo de primeros auxilios de OSHA, (200) Pastillas de yodato de potasio

Búsqueda y rescate: (5) Silbato de seguridad, (100) Máscaras antipolvo, (10) Par de guantes de vinilo, (5) Par de guantes de trabajo, (5) barra de palanca 15 "

Saneamiento: (5) Asiento de inodoro a presión, (12) Bolsas de saneamiento/inodoro, (5) Productos químicos para inodoros, (100) Paquetes de pañuelos

Estos suministros deben almacenarse en un contenedor de 5 galones.

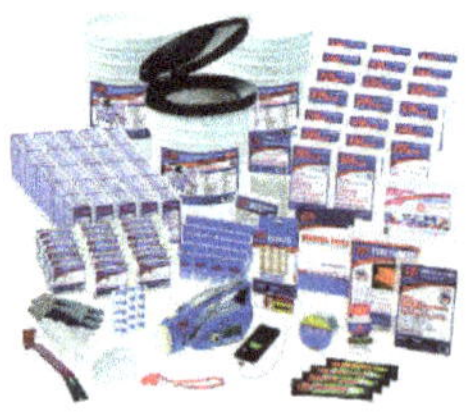

Foto: equipo de supervivencia de oficina de 100 personas

Equipo de supervivencia de lonchera para 1 persona

Esta es la lista para un equipo de supervivencia de 1 persona y 72 horas que se empaqueta en un contenedor estilo lonchera. Este equipo de supervivencia contiene los suministros básicos de preparación para emergencias para prepararse para todos los desastres, incluidos alimentos de emergencia, agua, refugio, luz, primeros auxilios y saneamiento.

La lista es la siguiente:

Comida y agua: (1) Barra de comida, (6) Bolsas de agua

Refugio: (1) Manta de emergencia

Iluminación y comunicación: (1) palo de luz verde

Primeros auxilios: (1) Botiquín personal de primeros auxilios, (1) Máscara de polvo, (1) Par de guantes de vinilo, (1) Paquete de pañuelos

Estos suministros deben almacenarse en un contenedor estilo lonchera.

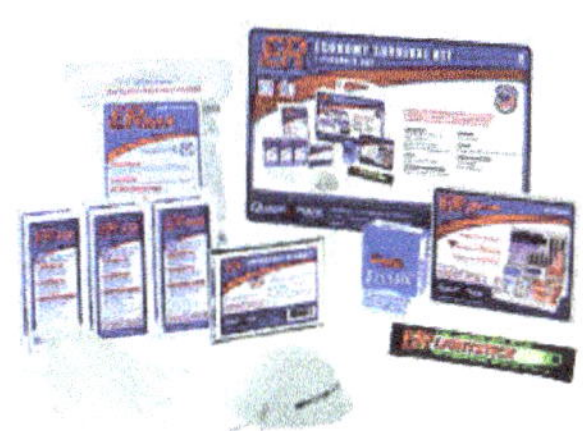

Foto: equipo de supervivencia de lonchera para 1 persona

Equipo de supervivencia en bolsas para 1 persona

Esta es la lista de un equipo de supervivencia para 1 persona y 72 horas que viene empaquetado en una bolsa con cierre hermético de un galón. Este equipo de supervivencia de emergencia contiene los suministros de emergencia más efectivos para la preparación para emergencias, incluidos los alimentos de emergencia, el agua y los suministros de refugio para prepararse para todos los desastres.

La lista es la siguiente:

Comida y agua: (1) Barra de comida, (6) Bolsas de agua

Refugio: (1) Manta de emergencia

Estos suministros deben almacenarse en una bolsa Ziplock de un galón.

Foto: equipo de supervivencia en bolsas para 1 persona

Equipo de supervivencia de mochila

Esta es la lista de un equipo de supervivencia de mochila que contiene los alimentos de supervivencia, agua, iluminación, radio/comunicación, primeros auxilios, saneamiento y suministros de refugio más efectivos y confiables para estar preparados para todos los desastres.

La lista es la siguiente:

Alimentos y agua: (4) Barras de alimentos, (24) Bolsas de agua, (50) Tabletas de purificación de agua

Refugio: (5) Mantas de emergencia, (5) Ponchos con capucha

Iluminación y comunicación: (1) Luz accionada por manivela solar/manual, radio de banda meteorológica y cargador de dispositivo USB, (2) palos de luz verde, (1) palo de luz amarilla, (5) velas de emergencia, (40) Partidos impermeables

Primeros auxilios: (1) Equipo de primeros auxilios de OSHA, (200) Pastillas de yodato de potasio

Búsqueda y rescate: (1) Silbato de seguridad, (5) Máscaras antipolvo, (1) Par de guantes de vinilo, (1) Par de guantes de trabajo, (1) barra de palanca 15 "

Saneamiento: (5) paquetes de pañuelos

Estos suministros deben almacenarse en una mochila.

Foto: equipo de supervivencia de mochila

Equipo de supervivencia de bloqueo

Esta es la lista de un equipo de supervivencia diseñado para oficinas y aulas con todos los suministros de emergencia necesarios para prepararse para cualquier desastre. Este completo equipo de supervivencia de emergencia contiene los suministros de emergencia más efectivos para la preparación para emergencias, incluidos los alimentos de emergencia, agua, iluminación, radio, primeros auxilios, saneamiento y suministros de refugio para prepararse para todos los desastres.

La lista es la siguiente:

Alimentos y agua: (4) Barras de alimentos, (24) Bolsas de agua, (50) Tabletas de purificación de agua

Refugio: (5) Mantas de emergencia, (1) Láminas de plástico, (1) Cinta aislante en rollo

Iluminación y comunicación: (1) Luz accionada por manivela solar/manual, radio de banda meteorológica y cargador de dispositivo USB, (2) palos de luz verde, (1) palo de luz amarilla, (5) velas de emergencia, (40) fósforos impermeables

Primeros auxilios: (1) Equipo de primeros auxilios de OSHA, (200) Pastillas de yodato de potasio

Búsqueda y rescate: (1) Silbato de seguridad, (5) Máscaras antipolvo, (2) Par de guantes de vinilo, (1) Par de guantes de trabajo, (1) barra de palanca 15 "

Saneamiento: (1) asiento de inodoro a presión, (12) saneamiento/bolsas de inodoro, (1) paquete de productos químicos para inodoro, (5) paquetes de pañuelos de papel

Estos suministros deben almacenarse en un contenedor de 5 galones.

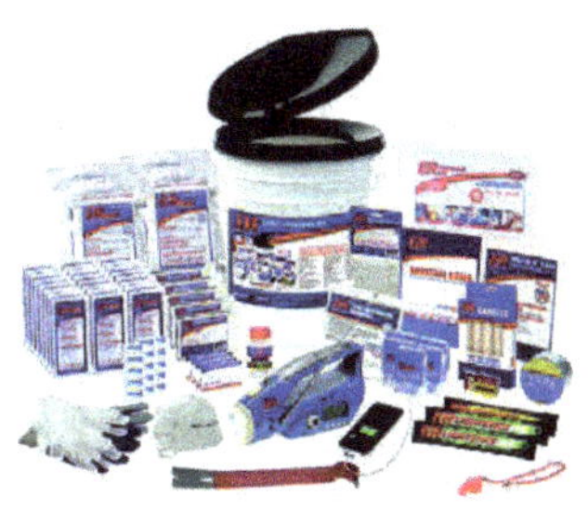

Foto: equipo de supervivencia de bloqueo

Capítulo 5
Equipos de supervivencia escolar

¿Tu escuela está preparada para un desastre? Los equipos escolares deben incluir los suministros más críticos y confiables.

Equipo de supervivencia de lonchera para 1 persona

Esta es la lista para un equipo de supervivencia de 1 persona y 72 horas que se empaqueta en un contenedor estilo lonchera. Este equipo de supervivencia contiene los suministros básicos de preparación para emergencias para prepararse para todos los desastres, incluidos alimentos de emergencia, agua, refugio, luz, primeros auxilios y saneamiento.

La lista es la siguiente:

Comida y agua: (1) Barra de comida, (6) Bolsas de agua

Refugio: (1) Manta de emergencia

Iluminación y comunicación: (1) palo de luz verde

Primeros auxilios: (1) Botiquín personal de primeros auxilios, (1) Máscara de polvo, (1) Par de guantes de vinilo, (1) Paquete de pañuelos

Estos suministros deben almacenarse en un contenedor estilo lonchera.

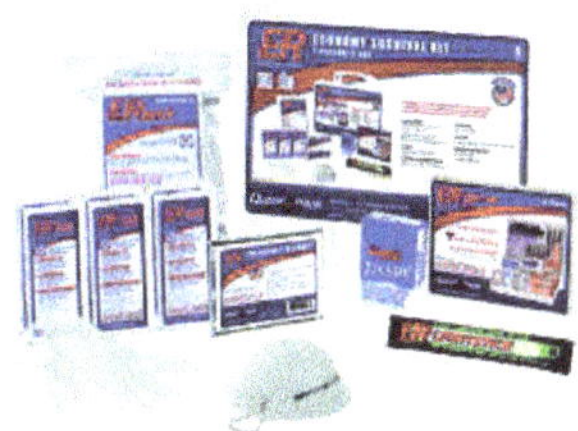

Foto: equipo de supervivencia de lonchera para 1 persona

Equipo de supervivencia en bolsas para 1 persona

Esta es la lista de un equipo de supervivencia para 1 persona y 72 horas que viene empaquetado en una bolsa con cierre hermético de un galón. Este equipo de supervivencia de emergencia contiene los suministros de emergencia más efectivos para la preparación para emergencias, incluidos los alimentos de emergencia, el agua y los suministros de refugio para prepararse para todos los desastres.

La lista es la siguiente:

Comida y agua: (1) Barra de comida, (6) Bolsas de agua

Refugio: (1) Manta de emergencia

Estos suministros deben almacenarse en una bolsa de Ziplock de un galón.

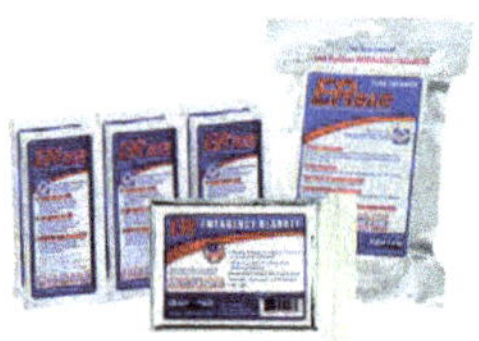

Foto: equipo de supervivencia en bolsas para 1 persona

Equipo de supervivencia de mochila

Esta es la lista de un equipo de supervivencia de mochila que contiene los alimentos de supervivencia, agua, iluminación, radio/comunicación, primeros auxilios, saneamiento y suministros de refugio más efectivos y confiables para estar preparados para todos los desastres.

La lista es la siguiente:

Alimentos y agua: (4) Barras de alimentos, (24) Bolsas de agua, (50) Tabletas de purificación de agua

Refugio: (5) Mantas de emergencia, (5) Ponchos con capucha

Iluminación y comunicación: (1) Luz accionada por manivela solar/manual, radio de banda meteorológica y cargador de dispositivo USB, (2) palos de luz verde, (1) palo de luz amarilla, (5) velas de emergencia, (40) fósforos impermeables

Primeros auxilios: (1) Equipo de primeros auxilios de OSHA, (200) Pastillas de yodato de potasio

Búsqueda y rescate: (1) Silbato de seguridad, (5) Máscaras antipolvo, (1) Par de guantes de vinilo, (1) Par de guantes de trabajo, (1) barra de palanca 15 "

Saneamiento: (5) paquetes de pañuelos

Estos suministros deben almacenarse en una mochila.

Foto: equipo de supervivencia de mochila

Equipo de supervivencia de bloqueo

Esta es la lista de un equipo de supervivencia diseñado para oficinas y aulas con todos los suministros de emergencia necesarios para prepararse para cualquier desastre. Este completo equipo de supervivencia de emergencia contiene los suministros de emergencia más efectivos para la preparación de emergencias, incluidos los alimentos de emergencia, agua, iluminación, radio, primeros auxilios, saneamiento y suministros de refugio para preparar una oficina para todos los desastres.

La lista es la siguiente:

Alimentos y agua: (4) Barras de alimentos, (24) Bolsas de agua, (50) Tabletas de purificación de agua

Refugio: (5) Mantas de emergencia, (1) Láminas de plástico, (1) Cinta aislante en rollo

Iluminación y comunicación: (1) Luz accionada por manivela solar/manual, radio de banda meteorológica y cargador de dispositivo USB, (2) palos de luz verde, (1) palo de luz amarilla, (5) velas de emergencia, (40) fósforos impermeables

Primeros auxilios: (1) Equipo de primeros auxilios de OSHA, (200) Pastillas de yodato de potasio

Búsqueda y rescate: (1) Silbato de seguridad, (5) Máscaras antipolvo, (2) Par de guantes de vinilo, (1) Par de guantes de trabajo, (1) barra de palanca 15 "

Saneamiento: (1) asiento de inodoro a presión, (12) saneamiento/bolsas de inodoro, (1) paquete de productos químicos para inodoro, (5) paquetes de pañuelos de papel

Estos suministros deben almacenarse en un contenedor de 5 galones.

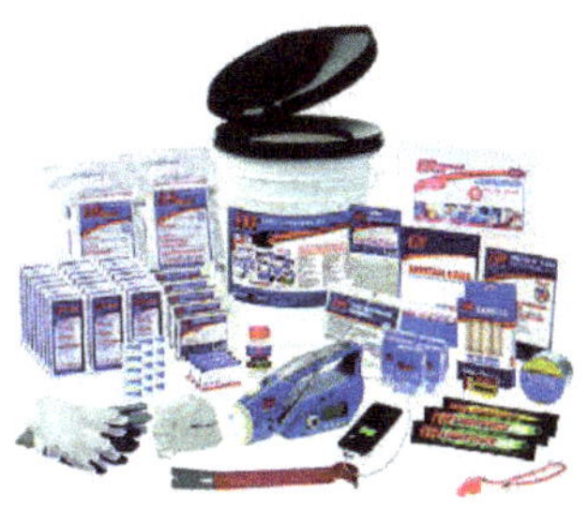

Foto: equipo de supervivencia de bloqueo

Capítulo 6
Equipos de supervivencia para mascotas

¿Están sus mascotas y animales de servicio preparados para un desastre?

Equipo de supervivencia para perros

Esta es la lista de un equipo de supervivencia para perros de emergencia. Contiene suministros de emergencia para hasta dos perros. Este equipo de supervivencia para mascotas contiene los suministros más efectivos para la preparación para emergencias, incluidos los alimentos de emergencia, agua, iluminación, primeros auxilios, saneamiento y suministros de refugio para preparar a sus mascotas.

La lista es la siguiente:

(2) Paquetes de comida para perros *
(12) bolsas de agua
(2) mantas térmicas
(2) palos de luz de emergencia
(50) Tabletas de purificación de agua
(1) Equipo de primeros auxilios para mascotas de lujo
(2) cuencos
(2) Cables - Collar y correa
(12) Saneamiento / bolsas de caca
(2) juguetes para perros
(1) cuerda
(1) calcomanía

Estos suministros deben almacenarse en una bolsa de nylon duradera.
* Se recomienda que la comida para perros se selle al vacío con una vida útil de 5 años.

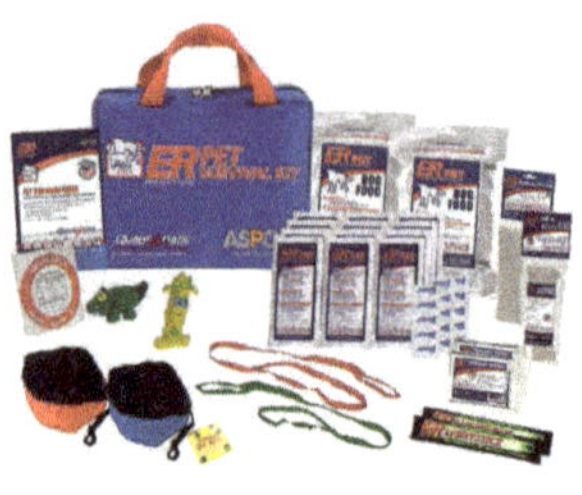

Foto: equipo de supervivencia para perros

Equipo de supervivencia para gatos

Esta es la lista de un equipo de supervivencia para gatos de emergencia que contiene suministros de emergencia para hasta dos gatos. Este equipo de supervivencia para mascotas contiene los suministros más efectivos para la preparación para emergencias, incluidos los alimentos de emergencia, agua, iluminación, primeros auxilios, saneamiento y suministros de refugio para preparar a sus gatos.

La lista es la siguiente:

(2) Paquetes de comida para gatos
(12) bolsas de agua
(2) mantas térmicas
(2) palos de luz de emergencia
(50) Tabletas de purificación de agua
(1) Equipo de primeros auxilios para mascotas de lujo
(2) cuencos
(2) Cables - Collar y correa
(12) Saneamiento / bolsas de caca
(2) juguetes para gatos
(1) cuerda
(1) calcomanía
(1) calcomanía

Estos suministros deben almacenarse en una bolsa de nylon duradera.

* Se recomienda que la comida para gatos se selle al vacío con una vida útil de 5 años.

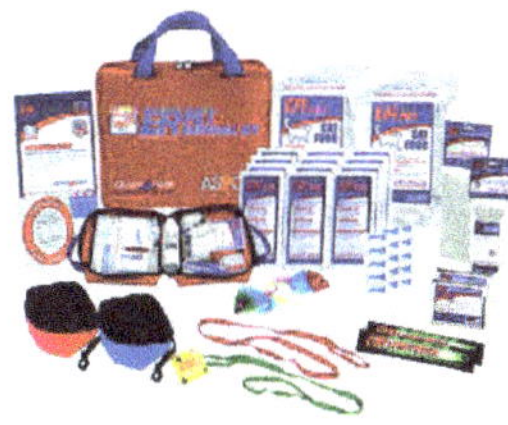

Foto: equipo de supervivencia del gato

Capítulo 7
Equipos de automóviles / embarcaciones

Además de las listas de equipos de carretera y condiciones climáticas severas que se incluyen en este capítulo, es una buena práctica mantener un equipo de supervivencia dentro de su automóvil y bote, para que esté preparado cuando ocurra lo inesperado. He proporcionado listas para un equipo de supervivencia de mochila que es fácil de almacenar en un automóvil o barco y puede usarse como su equipo de supervivencia de automóvil o barco.

Equipo de carretera y clima severo

Esta es la lista para un equipo de clima severo en carretera. Este equipo está diseñado como un accesorio para su equipo de supervivencia para automóviles. Este equipo contiene las herramientas y suministros de emergencia adicionales que necesitará para regresar a la carretera mientras soporta condiciones climáticas severas de manera segura.

La lista es la siguiente:

(1) Cables de puente aislados
(1) Destornillador de cabeza plana
(1) Destornillador Phillips
(1) Medidor de presión de neumáticos
(1) Juego de 10 tuercas
(1) Alicates de junta deslizante
(1) Guantes de trabajo de tela
(1) cinta aislante
(12) Terminales y fusibles eléctricos surtidos: empaquetados en un práctico estuche rígido con asa con asa
(1) Cono de peligro de seguridad plegable: reflector naranja fluorescente brillante, luz intermitente LED estroboscópica y suministro de baterías.
(1) Triángulo reflectante de advertencia
(1) Cuerda de remolque de servicio pesado - 4500 libras de capacidad de remolque
(1) Equipo de reparación de pinchazos

(1) Formulario de informe de accidente con lápiz

(1) Martillo automático de seguridad de emergencia: punta de martillo doble niquelado, cortador de cinturón de seguridad, linterna incorporada, luz estroboscópica LED parpadeante, indicador de brillo en la oscuridad y suministro de baterías.

(1) pala plegable

(1) palos de luz verde de 12 horas con 5 años de vida útil

(1) palos de luz amarilla de 12 horas con 5 años de vida útil

(1) Almohadillas térmicas que pueden proporcionar calor instantáneo durante más de 12 horas

(1) Almohadillas calentadoras de manos que pueden proporcionar calor instantáneo durante más de 12 horas

(1) raspador de hielo

(1) chaleco de seguridad

(1) Cuchillo utilitario

Mantenga estos suministros en una bolsa de lona duradera.

Foto: equipo de carretera y clima severo

Equipo de carretera

Esta es la lista de un equipo que puede usar para prepararse para una emergencia automotriz. Este equipo es un accesorio para su equipo de supervivencia para automóviles. Este equipo contiene las herramientas y suministros de emergencia adicionales que necesitará para regresar a la carretera de manera segura.

La lista es la siguiente:

Cables de puente aislados
Destornillador de cabeza plana
Destornillador Phillips
Medidor de presión de neumáticos
Juego de tuercas de 10 piezas
Alicates de junta deslizante
Guantes de trabajo de tela
Cinta eléctrica
12 terminales eléctricos y fusibles surtidos

Este equipo debe guardarse en un estuche rígido.

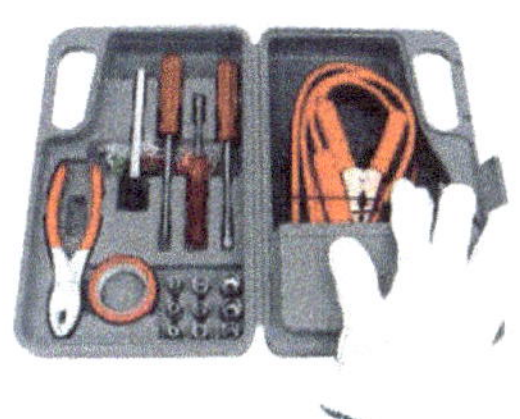

Foto: equipo de carretera

Equipo de supervivencia de mochila (para usar en un equipo de supervivencia de automóvil o barco)

Esta es la lista de un equipo de supervivencia de mochila que contiene los alimentos de supervivencia, agua, iluminación, radio / comunicación, primeros auxilios, saneamiento y suministros de refugio más efectivos y confiables para estar preparados para todos los desastres.

La lista es la siguiente:

Alimentos y agua: (4) Barras de alimentos, (24) Bolsas de agua, (50) Tabletas de purificación de agua

Refugio: (5) Mantas de emergencia, (5) Ponchos con capucha

Iluminación y comunicación: (1) Luz accionada por manivela solar / manual, radio de banda meteorológica y cargador de dispositivo USB, (2) palos de luz verde, (1) palo de luz amarilla, (5) velas de emergencia, (40)
Partidos impermeables

Primeros auxilios: (1) Equipo de primeros auxilios de OSHA, (200) Pastillas de yodato de potasio

Búsqueda y rescate: (1) Silbato de seguridad, (5) Máscaras antipolvo, (1) Par de guantes de vinilo, (1) Par de guantes de trabajo, (1) barra de palanca 15 "

Saneamiento: (5) paquetes de pañuelos

Estos suministros deben almacenarse en una mochila.

Foto: equipo de supervivencia de mochila

Capítulo 8
Equipos de emergencia

Estas son las listas de equipos que contienen suministros adicionales para prepararse para desastres específicos. Estas listas están diseñadas para complementar sus equipos de supervivencia para el hogar, la oficina, la escuela o las mascotas.

Equipo básico de gripe pandémica

Su equipo de emergencia para la gripe pandémica debe contener los suministros básicos para protegerse de la propagación de la gripe pandémica, según lo recomendado por los Centros de Control de Enfermedades de los EE. UU. Y la Organización Mundial de la Salud para prevenir un virus de gripe pandémica.

La lista es la siguiente:

(1) Respirador de partículas N95
(4) Toallitas antimicrobianas: las toallitas desinfectantes evitan la propagación de gérmenes y mantienen las condiciones sanitarias.
(1) Par de guantes de nitrilo grandes - 5 mil. Grado industrial grueso.
(1) Gel antiséptico desinfectante para manos - 4 oz.

Mantenga estos suministros en una bolsa con cierre de cremallera de un galón.

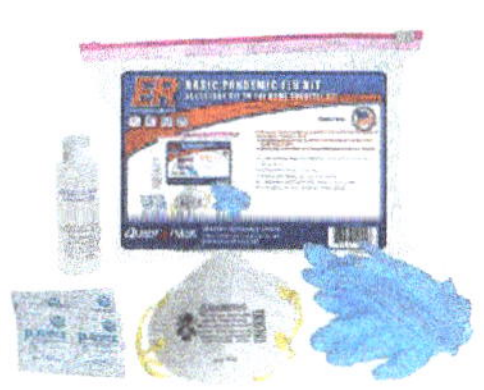

Foto: equipo básico de gripe pandémica

Equipo integral de gripe pandémica

Esta es una lista de suministros para complementar su equipo de supervivencia de oficina / hogar para contener los suministros más efectivos para la protección contra la propagación de la gripe pandémica, según lo recomendado por los Centros de Control de Enfermedades de los EE. UU. Y la Organización Mundial de la Salud para prevenir un virus de gripe pandémica.

La lista es la siguiente:

(1) Traje Tyvek - Overol con capucha DuPont con muñecas elásticas, tobillos y calcetines antideslizantes.
(1) Gafas de seguridad: protección para los ojos. Banda para la cabeza ajustable.
(4) Respirador de partículas N95.
(1) Spray Adhesivo Vendaje - 3 oz.
(12) Toallitas antimicrobianas.
(2) Paquetes de pañuelos: hojas de tareas múltiples.
(2) Par de guantes de nitrilo - 5 mil. Grado industrial grueso.
(2) Bolsas de riesgo biológico: para eliminación sanitaria.
(1) Gel antiséptico desinfectante para manos - 4 oz.
(1) Láminas de plástico: refugio en el lugar para protección contra contaminantes.
(1) Rollo de cinta adhesiva para conductos: para usar con láminas de plástico.

Mantenga estos suministros en un recipiente a prueba de agua.

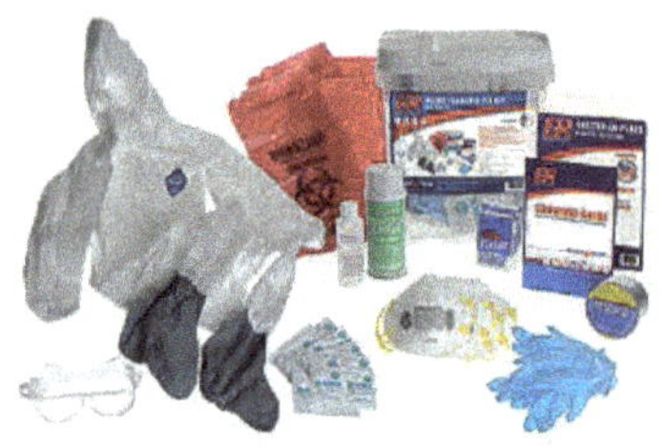

Foto: equipo integral de gripe pandémica

Equipo terremoto

Esta es una lista de suministros para complementar su equipo de supervivencia de oficina o hogar con suministros de emergencia adicionales diseñados específicamente para prepararse para terremotos. Este equipo está especialmente diseñado para contener los suministros más efectivos para ayudar a proteger su hogar y proteger contra daños o lesiones que puedan ocurrir durante un accidente o terremoto.

La lista es la siguiente:

(1) Ganchos de imagen del paquete: ganchos de imagen sin caída. Admite y protege incluso imágenes o marcos grandes.
(1) Tarro de cera de museo - Ancla de forma segura los artefactos. La fórmula no tóxica es efectiva y fácil de usar.
(2) Pares de correas de sujeción de muebles: anclar muebles pesados. Los muebles pueden cambiar y bloquear su salida.
(1) Luz de falla de energía: luz automática recargable. Se ilumina automáticamente cuando se va la luz.
(1) Conjunto de sujetadores adhesivos de seguridad: ancle con seguridad los electrodomésticos.

Mantenga estos suministros en un recipiente a prueba de agua.

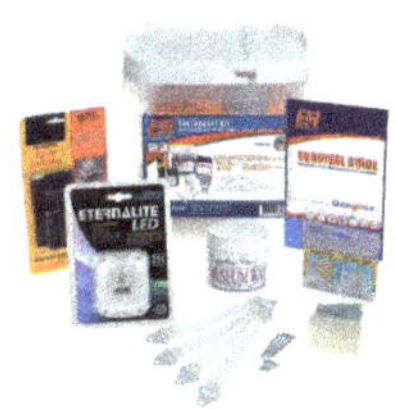

Foto: equipo terremoto

Equipo de huracán / tifón

Esta es una lista de suministros para complementar su oficina o equipo de supervivencia en el hogar con suministros de emergencia adicionales diseñados específicamente para preparar su oficina u hogar para huracanes y tifones.

La lista es la siguiente:

(1) Cinta adhesiva: aplicaciones sin fin. Un imprescindible para cualquier equipo.
(1) Lona - polietileno reforzado anti-desgarro de 10 'x 12'. Ideal para refugio rápido, en el lugar.
(1) Láminas de plástico para refugio en el lugar
(5) Velas de emergencia
(1) Caja de fósforos impermeables
(1) Respirador de partículas N95
(1) Hacha - Cabeza aplanada para martillar. 2 herramientas en 1
(3) Bolsas de almacenamiento de documentos: deben ser bolsas impermeables con cierre de cremallera. Estos son para proteger documentos importantes, identificaciones y más.
(1) Gafas de seguridad: proteja los ojos del polvo y los desechos dañinos que puedan surgir.
(1) pala plegable
(1) Pliegue una estufa: una que es compacta y se enciende fácilmente.

Mantenga estos suministros en un recipiente a prueba de agua.

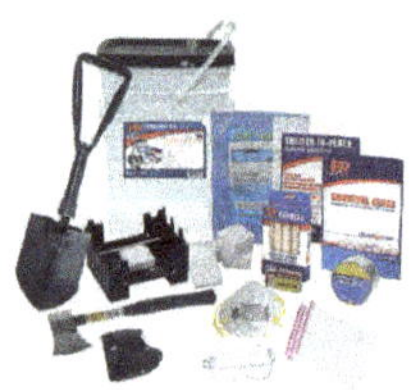

Foto: equipo de huracán / tifón

Equipo de higiene

Esta es una lista de suministros para complementar su equipo de supervivencia para el hogar o la oficina, diseñado específicamente para la higiene familiar después de un desastre. Esta lista contiene los suministros de higiene personal necesarios para mantener condiciones saludables y sanitarias para usted y su familia después de un desastre.

La lista es la siguiente:

(1) Desinfectante antibacteriano para manos
(12) Toallitas antimicrobianas
(4) Equipos de higiene personal: 4 cepillos de dientes / pastas, 4 peines, 4 bolsas de riesgo biológico, 12 toallitas húmedas, 4 rasuradoras, 4 paquetes de pañuelos, 4 compresas sanitarias. Conjunto completo de suministros integrales.
(1) Rollo de papel higiénico
(1) ReadyBath (Toallitas de baño desechables sin enjuague) - 8 sin enjuague; toallitas hipoalergénicas del sistema de limpieza corporal total.
(1) Champú y gel de baño - 8 oz. Botella de spray con sistema de limpieza pH sin enjuague equilibrado.
(1) Repelente de insectos en botella de spray: con DEET.
(10) Paquetes de loción de protección solar: SPF 30+ protege la piel.
(12) Bolsas de saneamiento / inodoro: para usar con un recipiente como inodoro portátil.
(1) Paquete de productos químicos para inodoros: mantenga las condiciones sanitarias mediante el uso de contenedores, asientos y bolsas.

Mantenga estos suministros en un recipiente a prueba de agua.

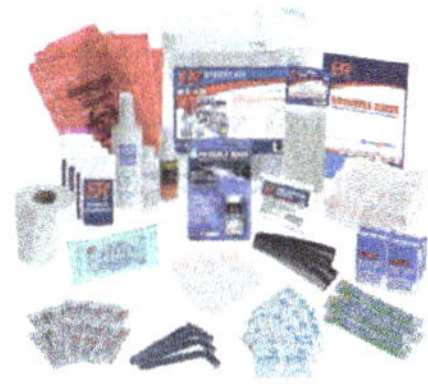

Foto: equipo de higiene

Equipo de seguridad infantil

Esta es una lista de suministros para complementar su equipo de supervivencia de oficina o hogar específicamente diseñado para la seguridad de los niños. Este equipo está diseñado para proteger a su hijo de muchos de los peligros comunes y cotidianos que se encuentran en la oficina o en el hogar o de cualquier cantidad de peligros fuera de la oficina o el hogar.

La lista es la siguiente:

(1) Equipo de identificación y registros para niños
(12) Enchufes de seguridad de salida
(3) Puños de pomo
(4) Topes de esquina de seguridad
(7) Cierres de gabinete de seguridad para niños
(1) Correa de seguridad de uso múltiple: mantenga a los niños fuera del área peligrosa.
(1) Luz nocturna automática: luz nocturna y luz de falla de energía en una. Proporciona luz durante un corte de energía.
(2) Pares de correas de sujeción de muebles: ancle con seguridad los muebles. Organizar según lo deseado para evitar accidentes.

Mantenga estos suministros en un recipiente a prueba de agua.

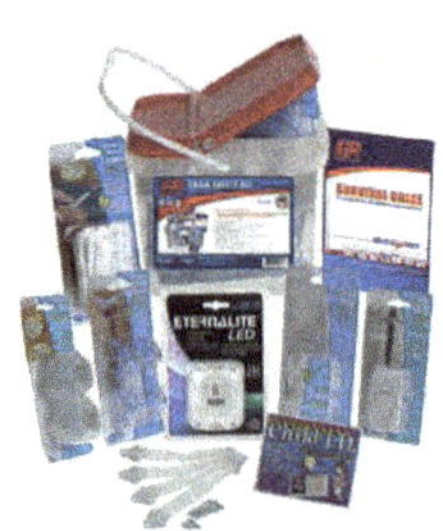

Foto: equipo de seguridad infantil

Capítulo 9
Equipo de supervivencia para huracanes, tifones y tornados

Esté lista para los huracanes, los tifones y los tornados.

Equipo de supervivencia de huracán/tifón/tornado

Este equipo de supervivencia para huracanes/tifones/tornados para 2 personas contiene elementos esenciales que salvan la vida necesarios para mantener a dos personas durante tres días en caso de una evacuación rápida del hogar o la necesidad de refugiarse en el lugar después de un huracán, tifón o tornado devastador. Cuando está empaquetado en un contenedor portátil resistente al agua de 5 o 6 galones, este equipo ofrece varias ventajas estratégicas de preparación para emergencias.

La lista es la siguiente:

Alimentos y agua: (2) Barras de alimentos, (12) Bolsas de agua de emergencia, (1) Tabletas de purificación de agua
Iluminación y radios: (1) Linterna solar/manivela manual y radio de banda meteorológica, (2) palos de luz verde, (5) Velas de emergencia, (1) Caja de 40 fósforos impermeables
Primeros auxilios: (1) Equipo de primeros auxilios de tamaño mediano
Refugio: (2) Mantas de emergencia, (2) Ponchos de emergencia, (1) Lona - polietileno reforzado de 10 ' x 12 '
Saneamiento/higiene: (1) Empaquetado en un recipiente de 5 o 6 galones con tapa superior de inodoro, (12) Saneamiento / bolsas de inodoro, (1) Paquete de productos químicos para el inodoro, (1) Equipo de higiene personal - 2 cepillos de dientes / pastas, 1 peine, 3 toallitas húmedas, 1 maquinilla de afeitar, 1 paquete de pañuelos, 1 compresa sanitaria, (18) paquetes de protector solar, (1) repelente de insectos
Búsqueda y rescate: (1) cable de nylon de 50 pies, (1) cinta adhesiva, (1) herramienta multiusos, (1) barra de palanca, (2) respirador de partículas N95, (2) guantes de trabajo, (2) seguridades gafas, (1) pala plegable

Otros: (1) Bolsas de almacenamiento de documentos - Bolsas impermeables, con cierre de cremallera, (1) RCP, AED y Guía básica de referencia de primeros auxilios

Estos suministros deben almacenarse en un contenedor de 5 o 6 galones.

Foto: equipo de huracán/tifón/tornado

Capítulo 10
Equipos de primeros auxilios de emergencia

Siempre tenga suministros de primeros auxilios a mano.

Equipo de primeros auxilios para 25 personas

Esta es una lista de un botiquín de primeros auxilios diseñado para proporcionar primeros auxilios básicos para oficinas o grupos de hasta 25 personas.

La lista es la siguiente:

Referencias: (1) guía de primeros auxilios
Instrumentos: (1) tijeras, (1) pinzas, (4) guantes de vinilo, (1) barrera respiratoria para RCP
Tratamiento de lesiones: (1) compresa fría instantánea, (1) vendaje triangular, (1) cinta adhesiva de rollo de 1/2 "x 5 yardas.
Vendajes: (50) 1 "x 3" de plástico adhesivo, (25) Vendajes adhesivos para puntos, 7/8 "x 7/8", (1) Cierres enrollados de mariposa, (2) Rollo de gasa conformado de 2 "x 4.1 yd, (1) 3 "x 4.1 yd. rollo de gasa conforme, (1) tela de nudillos, (1) tela de punta de dedo, (1) vendaje de codo y rodilla, (1) almohadilla de trauma de 5 "x 9", (20) aplicadores con punta de algodón de 3 "
Apósitos: (4) gasas de 3 "x 3", (2) gasas de 4 "x 4", (1) almohadilla estéril para los ojos
Medicamentos: (2) tabletas de ibuprofeno *, (2) tabletas extrafuertes sin aspirina *, (2) tabletas de aspirina *, (6) crema para quemaduras
Antisépticos: (1) Desinfectante de manos, (20) almohadillas de limpieza con alcohol, (20) Toallitas antisépticas, (1) almohadilla de alivio de picaduras, (1) Lavado de ojos estéril, (6) paquetes de ungüento antibiótico triple *

Estos suministros deben almacenarse en una caja de plástico para llevar a cualquier lugar con un asa fácil de transportar.

Se recomienda estar al tanto de la vida útil de los medicamentos y ungüentos. Estos generalmente expiran 12 meses después de la fecha de fabricación.

Foto: equipo de primeros auxilios para 25 personas

Equipo de suministro central de trauma

Esta es la lista de un botiquín de primeros auxilios que contiene artículos integrales de primeros auxilios diseñados para lesiones relacionadas con desastres y otras lesiones sustanciales para hasta 75 personas.

La lista es la siguiente:

Referencias: (1) Guía de primeros auxilios, (4) Etiquetas de triaje, (1) Tijeras quirúrgicas de tijera-EMT, (1) Pinzas, (1) Pinzas, (1) Hoja y mango de bisturí, (2) Guantes de vinilo aprobados por la FDA, (20) Aplicadores con punta de algodón
Tratamiento de lesiones: (4) compresas frías instantáneas, almohadillas térmicas para el cuerpo, (2) vendajes triangulares, (5) depresores de lengua / férulas, (5) cinta adhesiva de rollos, (25) cierres de mariposa
Vendajes: (50) Adhesivo 3 ", (2) Nudillo, (1) Punta de los dedos, (2) Tira extragrande
Apósitos: (1) Apósito para traumatismos Bloodstopper (Tapón de sangre), (1) Multi-Trauma 10 "x 30", (5) Gasas en rollos, (12) Almohadillas de gasa de 2 "x 2", (4) Almohadillas de gasa de 4 "x 4", (4) Almohadillas antiadherentes de 2 "x 3", (4) Almohadillas estériles para los ojos
Medicamentos / antisépticos: (30) tabletas de aspirina y no aspirina, (50) toallitas de preparación con alcohol, (10) inhaladores de amoníaco, (1) botella de lavado de ojos, (1) tubo de primeros auxilios y crema para quemaduras, (24) antibacteriano Paquetes de ungüento, (50) Toallitas de toalla, (1) Spray antiséptico

Estos suministros deben almacenarse en un recipiente resistente al agua.

Se recomienda estar al tanto de la vida útil de los medicamentos y ungüentos. Estos generalmente expiran 12 meses después de la fecha de fabricación.

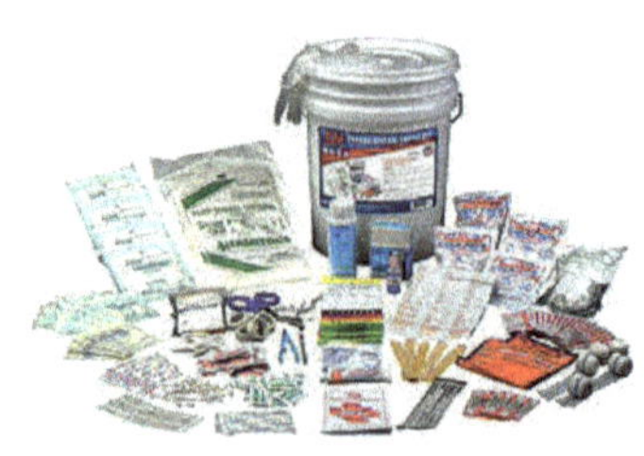

Foto: equipo de suministro central de trauma

Equipo de primeros auxilios de tamaño mediano

Esta es una lista de un botiquín de primeros auxilios de tamaño mediano para su automóvil, bote u hogar para hasta 4 personas.

La lista es la siguiente:

(1) Estuche de plástico duradero
(1) Vendaje adhesivo de tela de nudillos
(10) Vendajes adhesivos junior, 3/8 "x 1.5"
(1) Vendaje de tela adhesivo para la punta de los dedos
(1) vendaje adhesivo del codo
(10) Vendajes adhesivos, ¾ "x3"
(2) cierres de heridas de mariposa
(2) guantes de vinilo de grado médico
(1) pasador de seguridad
(1) Ungüentos antibióticos triples *
(4) Tabletas sin aspirina *
(2) Tabletas de ibuprofeno *
(6) Toallitas antisépticas
(2) Tabletas de aspirina *
(6) Almohadillas de limpieza de alcohol
(1) Guía de primeros auxilios de emergencia

Se recomienda estar al tanto de la vida útil de los medicamentos y ungüentos. Estos generalmente expiran 12 meses después de la fecha de fabricación.

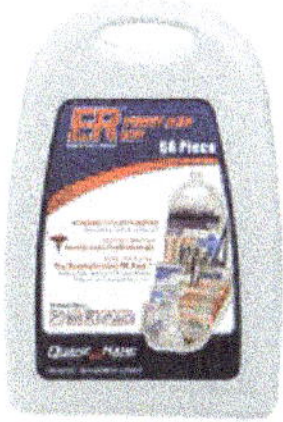

Foto: botiquín de primeros auxilios de tamaño mediano

Equipo de primeros auxilios para mascotas

Esta es una lista de un equipo de primeros auxilios para mascotas que contiene artículos de primeros auxilios para mascotas de emergencia.

La lista es la siguiente:

Referencias: (1) Guía de instrucciones de primeros auxilios para mascotas
Instrumentos: (1) Bolsa duradera con cremallera con compartimentos organizados, (1) Tijeras, (1) Pinzas, (2) Guantes de vinilo con calidad de examen, (1) Jeringa oral, (1) Rollo de cinta de primeros auxilios de 1 "x 5 yd, (12) Aplicadores con punta de algodón de 3 "
Apósitos: (10) Almohadillas de gasa de 2 "x 2", (4) Almohadillas de gasa de 4 "x 4", (1) Almohadilla de trauma de 5 "x 9", (1) 2 "x 5 yd. Vendaje envolvente, (2) Vendaje de gasa conformado de 2 "x 4.5 yd, (1) Almohadilla para los ojos, (1) Triangular
Vendaje
Temas: (1) Lavado de ojos, (1) Peróxido de hidrógeno
Medicamentos y antisépticos: (12) toallitas de limpieza antisépticas, (6) paquetes de ungüentos antibióticos: alivio de quemaduras e insectos

Estos suministros deben almacenarse en una bolsa de nylon duradera.

Se recomienda estar al tanto de la vida útil de los medicamentos y ungüentos. Estos generalmente expiran 12 meses después de la fecha de fabricación.

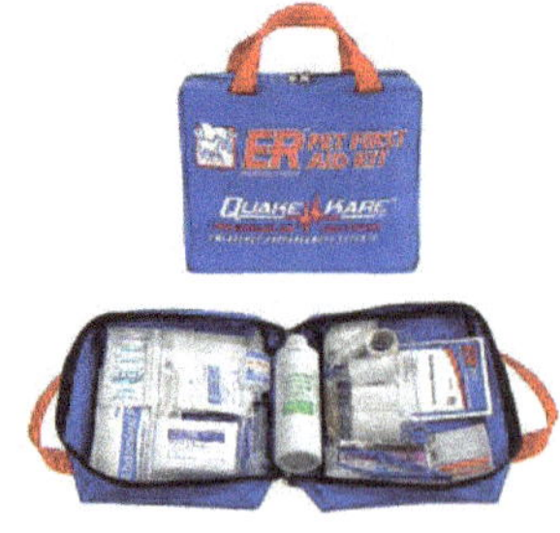

Foto: equipo de primeros auxilios para mascotas

RCP - Equipo de patógenos transmitidos por la sangre

Esta es una lista para una RCP de emergencia y un equipo de patógenos transmitidos por la sangre con el fin de ofrecer protección contra las víctimas de sangrado mientras se administra RCP y primeros auxilios.

La lista es la siguiente:

(1) Máscara de RCP
(1) bata protectora
(1) Bolsa de riesgo biológico
(1) Mascarilla con protector ocular
(1) par de guantes de vinilo

Foto: RCP - equipo de patógenos transmitidos por la sangre

Índice